RADIOACTIVE
KRUSTY
O's

Michel Lafon

118, avenue Achille-Peretti
CS 70024
92521 Neuilly-sur-Seine Cedex
www.michel-lafon.com

ISBN 13 : 978-2-7499-2208-9

Dépôt légal : octobre 2014

LAF 1789

VAULT OF SIMPSONOLOGY™
BART SIMPSON'S MANUAL OF MISCHIEF

Creator : Matt Groening

Writing : Bill Morrison

Editorial : Terry Delegeane, Nathan Kane

Layout & Design : Serban Cristescu

Contributing Artists : Edwin Aguilar, Dan Davis, Chia-Hsien Jason Ho, Rex Lindsey, Istvan Majoros, Nina Matsumoto, Kevin M. Newman, Dexter Reed, Ryan Rivette, Tone Rodriguez, Mike Rote, Ken Wheaton

Production : Karen Bates, Pete Benson, Max Davison, Nathan Hamill, Chris Ungar, Art Villanueva, Ruth Waytz, Bob Zaugh

Legal : Susan A. Grode

Version française :
Traduction – Adaptation – Mise en page
I.D.O. Paris21 – www.ido.fr
Marie, Élodie & co.

COLLECTION **LES TRÉSORS DE LA SIMPSONOLOGY**™

BART SIMPSON™

LE MANUEL DU SALE GOSSE

MATT GROENING

Michel Lafon

BART SIMPSON, LE GOSSE AUX MILLE VISAGES

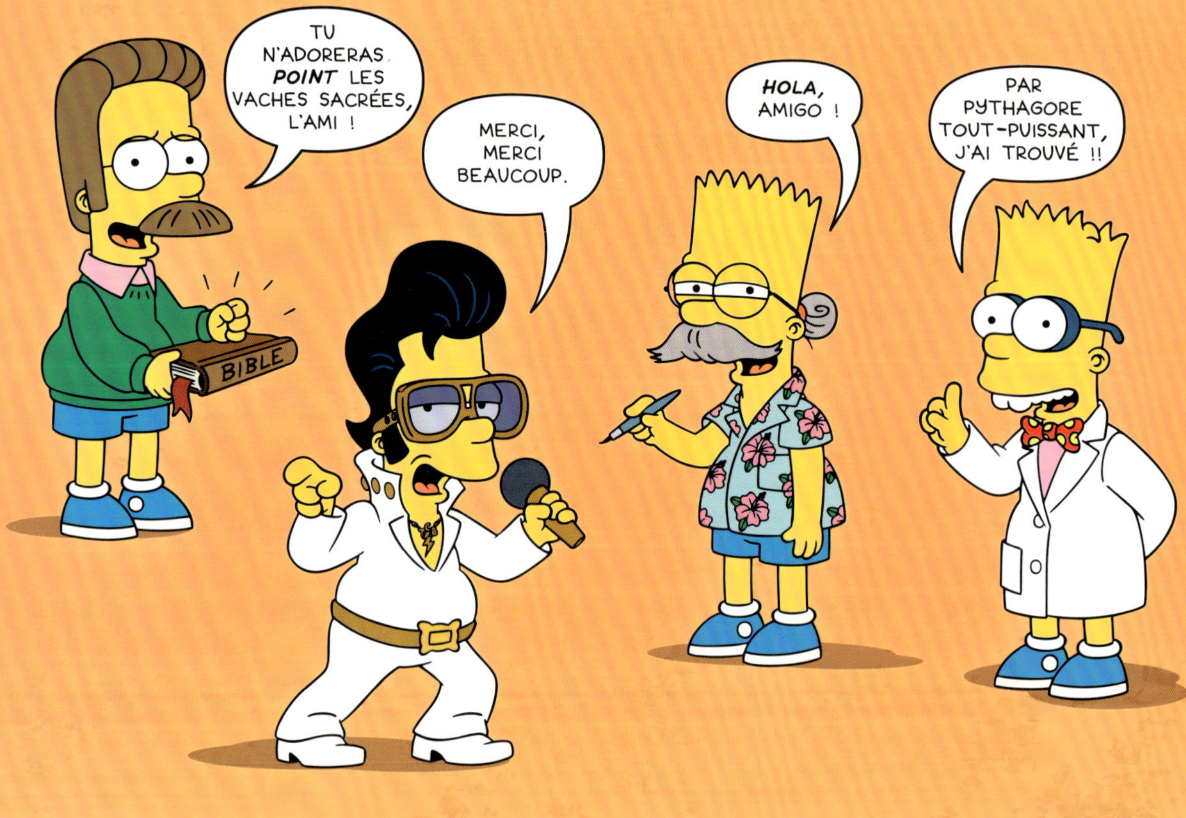

...
ON SE BARRE ! V'LÀ LES KEUFS !
SAUVE QUI PEUT !
ET VLAN DANS LES DENTS, CONAN !
J'AI QUATRE GARES, TROIS MAISONS RUE DE LA PAIX ET UN HÔTEL SUR LES CHAMPS-ÉLYSÉES !

TRÈS CHÈRE, VOTRE CHAPEAU EST À SE DAMNER !
T'ES PLUTÔT CATWOMAN OU SUPERGIRL ?
JE VOIS PAS SUR LES CÔTÉS, MAIS JE PLANE, TU VOIS ?
ET AVEC ÇA, JE VOUS METS UN PEU DE "VA T'FAIRE CUIRE UN ŒUF ?"

ÇA GAZE ?
MÉDIOCRUS ET CRANUS !
J'AI AUSSI UN FEZ !
TOI ALORS, T'ES VRAIMENT ALLUMÉ, MECTON !
LA VÉRITÉ, LE SHOWBIZ, C'EST PAS MON KIF !

AU PARADIS DU FARCEUR

APRÈS LA PLUIE, LES CONFETTIS

Une blague parfaite pour les jours de pluie. Remplis un parapluie de confettis, et referme-le bien. Quand ton pigeon l'ouvrira, il aura droit à une bonne douche de papier ! Pour varier les plaisirs, tu peux utiliser des corn flakes, du riz, des billes de polystyrène ou du popcorn. Attention toutefois à ne pas y mettre de trucs trop lourds, ou ta victime pourrait se douter de quelque chose. Souviens-toi également de ne rien utiliser qui puisse la blesser ou laisser des taches indélébiles sur les vêtements !

COUP DOUBLE

Trouve une bonne poire et dis-lui que tu vas lui montrer un truc génial. Fais tenir un verre plein de soda sur le dos de ta main posée à plat sur une table. Évidemment, ton pote te dira “Fastoche !”, et c'est exactement ce que tu veux. Mets-le au défi de faire comme toi. Il y arrivera facilement, et c'est là que tu vas le mettre au défi de faire la même chose avec un verre de soda sur chaque main. Lorsqu'il pose son autre main sur la table, places-y un deuxième verre. Puis tu te casses. Ta victime ne saura jamais comment sortir de ton piège sans renverser du soda partout !

UN "TOUR DE CONTRÔLE"

Pour réussir ce coup, il te faut un complice. Entrez ensemble dans la salle de classe et demandez à un autre élève s'il est prêt pour l'interro. C'est le moment que ton acolyte choisit pour confirmer l'info, genre "Moi, je suis carrément prêt ! Ça comptera pour 70 % de la moyenne, alors j'ai révisé toute la nuit !". Regarde ensuite ta victime se décomposer pendant tout le cours, s'attendant à ce que la maîtresse distribue un contrôle qui n'existe pas !

LA PORTE DE L'ÉCLATE

Pour cette blague, il te faut deux portes en vis-à-vis dans un couloir. Cela peut être des chambres de frères et sœurs, de colocataires ou deux salles de classe.
En premier lieu, assure-toi d'abord que les portes s'ouvrent vers l'intérieur, et que les pièces sont toutes les deux occupées à ce moment-là. Puis, attache les extrémités de la même corde aux deux poignées, en laissant un peu de mou : il faut que les portes puissent s'entrouvrir, mais pas assez pour que la personne puisse sortir. Toque aux deux portes en même temps, et regarde les deux nouilles jouer inlassablement au tir à la corde !

ENTARTEUR DE NUIT

Voici un gag qui a des heures de route, testé et approuvé dans des dizaines de colonies de vacances et de soirées pyjama à travers le monde. Pendant que ton bouc émissaire dort, recouvre la paume de sa main de mousse à raser. Chatouille alors son nez avec une plume ou une ficelle, et il se mettra une grosse baffe crémeuse en pleine face. Si ses deux mains sont accessibles, mets de la mousse sur les deux pour gagner à tous les coups.

FACILE À SUIVRE

Avec un crayon à papier 2B (ou plus gras encore), noircis la tranche d'une pièce de monnaie. Trouve un blaireau et parie avec lui que tu peux faire rouler cette pièce de ton front jusqu'à ton menton avec une main dans le dos. Utilise une pièce normale et fais-lui une démo. Ta victime verra à quel point c'est facile, mais défie-la d'en faire de même. Garde la pièce propre dans ta main et donne-lui celle que tu as noircie. La personne s'exécutera et remportera le pari, mais ignorera complètement qu'elle a une grande ligne de crayon en plein milieu du visage !

MY TAILOR IS RICH

Dégote-toi un vieux chiffon et prédécoupe-le sur 2 ou 3 cm pour qu'il se déchire facilement. Pose un billet par terre, et trouve-toi une cachette toute proche. Quand ton pigeon verra le billet et se penchera pour le ramasser, déchire d'un coup le bout de tissu. Le bouffon se mettra immédiatement les mains sur ses fesses, pensant que c'est son pantalon qui vient de se déchirer.

FAUT QUE ÇA MOUSSE

Procure-toi des colorants alimentaires rouge, jaune et bleu et mélange-les pour obtenir un beau marron foncé. Ajoute cette mixture au distributeur de savon de la cuisine ou de la salle de bains. Ta victime aura beau se laver les mains comme un fou, elles seront toujours crasseuses.

L'ARROSEUR ARROSÉ

Pour mettre au point ce gag, il te faut un robinet de cuisine avec une douchette reliée à l'évier. Maintiens le bouton qui fait passer l'eau dans la douchette enfoncé à l'aide d'un morceau de scotch. Ouvre le robinet pour faire un test et être certain que le bouton ne bouge pas et que le débit de la douchette est au maximum. Remets-la en place bien face à toi. Quand ta victime ouvrira le robinet, elle aura droit à une douche gratos !

UNE PURE ÉCLABOUSSURE

Mélange de la peinture acrylique marron et blanche pour obtenir une couleur café. Dilue ce mélange avec un peu d'eau pour le fluidifier. Puis verses-en sur une feuille de papier sulfurisé et laisse le tout sécher. Tu pourras ensuite détacher la tache et la placer près d'une tasse à café vide sur le plan de travail de la cuisine, ou sur une table, voire par terre. Ne la mets surtout pas sur une surface qui absorbe les liquides (moquette ou canapé), ça ne serait pas crédible. Si ta tache de "café" n'a pas vraiment l'air très fraîche, tu peux lui donner un aspect plus luisant en étalant de l'huile végétale dessus avec un pinceau.

LA POCHETTE-SURPRISE

Ouvre délicatement un petit paquet de chips en tirant sur les deux côtés du paquet, tout en veillant à ne pas le déchirer. Vide-le de son contenu et remplace-le par quelque chose du même poids (des tranches de carottes crues, des cartes à jouer, des grains de café... sois inventif, mais fais attention à ne rien mettre qui pourrait blesser ton pigeon s'il venait à le mettre en bouche). Referme le sachet avec de la colle, attends qu'elle sèche, avant de laisser ta victime ouvrir le paquet. Surprise garantie !

LE CHERCHEUR D'OR

Avec de la colle forte, fixe une pièce de vingt centimes au trottoir. Laisse bien sécher, et amuse-toi à regarder les gens tenter de la ramasser. BLAGUE BONUS ! Lorsque la victime se penche, scotche-lui sur les fesses un mot qui dit "bottez-moi les fesses" !

UNE VANNE IN-SUP-PORT-ABLE

Pour réaliser ce tour, il faut que ta victime reste dans sa chambre un moment et n'entende pas ce que tu trafiques de l'autre côté de la porte (idéalement, il faut qu'elle dorme, ou qu'elle écoute de la musique au casque). La porte doit également s'ouvrir vers l'intérieur de la chambre. Sur le chambranle extérieur de la porte, colle des feuilles de papier journal les unes aux autres à partir du sol, et pratiquement jusqu'en haut de la porte. Puis remplis la poche ainsi formée par le haut avec des chips de polystyrène, du popcorn, ou tout ce qui te tombe sous la main et qui pourra se déverser en beauté sur ta cible lorsqu'elle ouvrira la porte !

AH, C'EST TOI ! JE SUIS SUR UN CANULAR TÉLÉPHONIQUE TRÈS IMPORTANT, LÀ. J'EN AI ENCORE QUELQUES-UNS À FAIRE AVANT D'AVOIR FINI MA JOURNÉE. MAIS TANT QUE TU ES LÀ, ASSIEDS-TOI DONC CINQ MINUTES ET JETTE UN ŒIL À MA DERNIÈRE MINI-BD...

CANULARS
TÉLÉPHONIQUES
N°1
MATT GROENING

CE SONT DES GENS BIEN, CHEZ LI'L BASTARD™. ILS ONT PENSÉ À TOUT CE DONT UN GAMIN PEUT AVOIR BESOIN POUR MENER À BIEN SES MISSIONS SECRÈTES :

LE KIT D'ESPIONNAGE LI'L BASTARD™

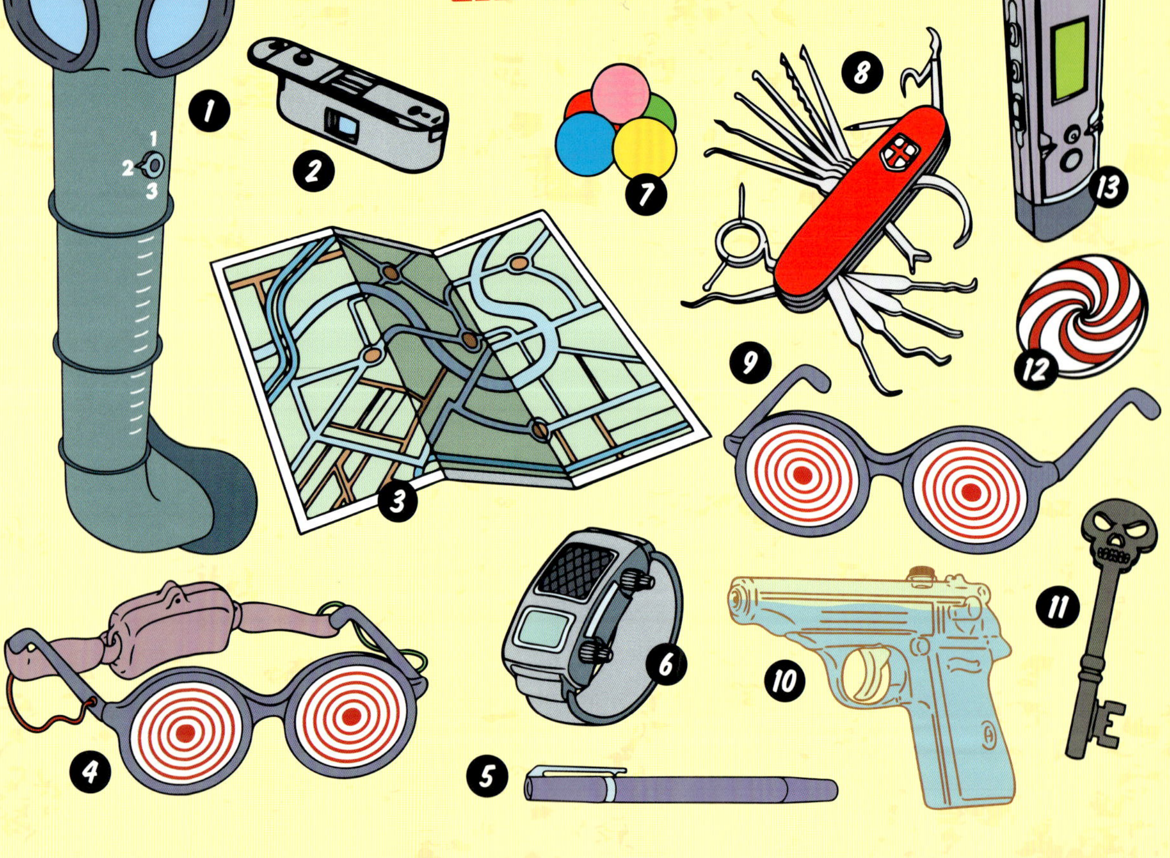

1. PÉRISCOPE MULTIDIRECTIONNEL
2. APPAREIL PHOTO ESPION MICRO-MINUS
3. PLAN DÉTAILLÉ DES ÉGOUTS DE LA VILLE (POUR LES ÉVASIONS ÉCLAIR, MERCI DE PRÉCISER LA VILLE OÙ VOUS SÉVISSEZ LORS DE LA COMMANDE)
4. LUNETTES DE VISION NOCTURNE FAÇON LUNETTES À RAYONS X
5. STYLO-TÉLESCOPE
6. BRACELET TALKIE-WALKIE
7. BILLES FUMIGÈNES MAQUILLÉES EN BOULES DE CHEWING-GUM (ATTENTION, NE PAS MÂCHER. C'EST INFECT !)
8. KIT DE CROCHETAGE STYLE COUTEAU SUISSE
9. VRAIES LUNETTES À RAYONS X (AVERTISSEMENT : PEUT CAUSER UN DÉCOLLEMENT DE LA RÉTINE EN CAS D'USAGE PROLONGÉ !)
10. LE WALTHER PPK 9MM DE JAMES BOND, À EAU
11. PASSE-PARTOUT MORTEL
12. JETON HYPNOTIQUE
13. MICRO-ENREGISTREUR NUMÉRIQUE
14. BARRE CHOCOLATÉE LASER
15. ARGENT DE POCHE AVEC MOUCHARD INTÉGRÉ (PEUT LOCALISER LE REPAIRE DES PETITES FRAPPES DANS UN RAYON DE 8 KM)
16. LANCE-PIERRE TRANSFORMABLE EN NUNCHAKU
17. DÉTECTEUR DE MOUCHARDS EN FORME DE FAUX CAFARD
18. MICRO ESPION RESSEMBLANT À UN YO-YO (LES DEUX MOITIÉS DU YO-YO SONT DES ÉCOUTEURS, LE FIL EST ÉLECTRIQUE, ET IL SE CONNECTE À UNE PARABOLE EN FORME DE FRISBEE.)
19. CHEVALIÈRE DÉCODEUSE DE MESSAGES SECRETS
20. DISPOSITIF POUR BOUCHE-À-BOUCHE À FORME CARTOONESQUE
21. DISPOSITIF DE VENTRILOQUIE AVEC SÉCURITÉ ANTI-AVALEMENT
22. PAQUET DE CHEWING-GUM À AMPOULE DE GAZ LACRYMO
23. GOBELET À SQUISHEE LANCEUR DE MINI-ROQUETTES
24. CARTES À LANCER ULTRA-TRANCHANTES DES ISOTOPES DE SPRINGFIELD (9e SÉRIE)

COMMENT RENDRE DINGUES TES PARENTS

QUELQUES TRUCS BIEN VICELARDS POUR QUE TES PARENTS AIENT L'IMPRESSION DE PERDRE LA BOULE

DRING-DINGUE !

CE TOUR NE FONCTIONNE QUE SUR LES TÉLÉPHONES FIXES, PAS SUR LES PORTABLES. DÉCROCHE LE TÉLÉPHONE DE SA BASE ET COLLE UN MORCEAU DE SCOTCH MARRON BIEN RÉSISTANT SUR L'INTERRUPTEUR DE TONALITÉ. REMETS ENSUITE LE COMBINÉ EN PLACE. À CHAQUE FOIS QUE LE TÉLÉPHONE SONNERA, TES PARENTS DÉCROCHERONT LE COMBINÉ SANS POUVOIR OBTENIR LA COMMUNICATION, ALORS QUE LE TÉLÉPHONE CONTINUERA À SONNER NON-STOP.

SAVON À GOGOS

ÉTALE DU VERNIS À ONGLES TRANSPARENT, MAT DE PRÉFÉRENCE, SUR UN SAVON. UNE FOIS LA PREMIÈRE MOITIÉ SÈCHE, RECOUVRE L'AUTRE. FAIS EN SORTE QUE LE SAVON TOUT ENTIER SOIT VERNI, ET LORSQU'IL EST BIEN SEC, REMETS-LE DANS LA CABINE DE DOUCHE DE TES PARENTS. ILS AURONT BEAU FROTTER, CE FICHU SAVON NE DONNERA JAMAIS LA MOINDRE MOUSSE.

UNE CHRONOLOGIE DU CHAOS

LA GENÈSE
LE TOUT PREMIER HOMME À RETOURNER SA VESTE FUT ADAM. AVOUANT TOUT D'ABORD À DIEU QU'IL AVAIT CROQUÉ LE FRUIT DÉFENDU, IL FINIT PAR TOUT METTRE SUR LE DOS D'ÈVE, QUE DIEU LUI AVAIT TOUT D'ABORD REFOURGUÉE. NON MAIS...

1978 AV. J.-C.
JACOB SE FAIT PASSER POUR SON JUMEAU ÉSAÜ, DE QUELQUES MINUTES PLUS ÂGÉ QUE LUI, TOUT ÇA POUR TOUCHER L'HÉRITAGE DE LEUR PÈRE AVEUGLE, ISAAC. EN UN SEUL ÉVÉNEMENT APPARAISSENT LES CONCEPTS ÉTERNELS DE "DOUBLE MALÉFIQUE" ET D'"ARNAQUER UN NON-VOYANT".

1240 AV. J.-C.
DES GRECS S'INFILTRENT DANS LA CITÉ DES TROYENS, CACHÉS DANS LE "CHEVAL DE TROIE". DEPUIS LORS, QUAND ON NOUS OFFRE UN CHEVAL DE BOIS GÉANT, ON A TOUS TENDANCE À SE MÉFIER.

1024 AV. J.-C.
DAVID EXPLOSE GOLIATH. LES VENTES DE FRONDES EXPLOSENT ELLES AUSSI.

64
PREMIER CONCERT DE ROCK PYROTECHNIQUE. ROME BRÛLE, TANDIS QUE L'EMPEREUR NÉRON SE LA COULE DOUCE.

1492
CHRISTOPHE COLOMB DÉCOUVRE LE NOUVEAU MONDE. LA POPULATION LOCALE, QUI A TOUJOURS HABITÉ LÀ, EST PLUTÔT SURPRISE DE L'APPRENDRE.

1570
NAISSANCE DE GUY FAWKES, CONSPIRATEUR ET MEURTRIER RATÉ, DONT L'EFFIGIE EST BRÛLÉE PAR LES ENFANTS LE 5 NOVEMBRE ET SYMBOLE ANARCHIQUE MODERNE.

1692
LES PURITAINS ENTAMENT UNE CHASSE AUX SORCIÈRES DANS LE MASSACHUSETTS. UN GRAND SOULAGEMENT POUR LES CERFS ET LES DINDES DU COIN.

1775
LES COLONS PRENNENT LA GROSSE TÊTE, C'EST LE DÉBUT DE LA RÉVOLUTION AMÉRICAINE.

1789
LES FRANÇAIS EN ONT ASSEZ DE VOIR LES AMÉRICAINS S'AMUSER SANS EUX. LA RÉVOLUTION FRANÇAISE COMMENCE.

1879
NAISSANCE DE SOREN SORENSON ADAMS, DIT "SAM", LE ROI DES GADGETS. L'INVENTEUR DE LA POUDRE À ÉTERNUER, DU POIL À GRATTER, DE LA POIGNÉE DE MAIN ÉLECTRIQUE, DU VERRE BAVEUR, DU GLAÇON À MOUCHE, DU SERPENT À RESSORTS ET DE TANT D'AUTRES FARCES ET ATTRAPES JOUE SON PREMIER TOUR À SES PARENTS : "LE PETIT CADEAU AU FOND DE LA COUCHE".

1914
SOUS LES YEUX ÉBAHIS ET EMBARRASSÉS DES LECTEURS, LE CATALOGUE DE JOHNSON SMITH DÉVOILE SES CENTAINES DE BLAGUES, GAGS ET AUTRES TROUVAILLES.

1920
LE 10[E] AMENDEMENT EST PROMULGUÉ PAR LA CONSTITUTION AMÉRICAINE : L'ALCOOL EST INTERDIT DANS TOUT LE PAYS. MALGRÉ LA PROHIBITION, LES AMÉRICAINS BOIVENT PLUS QUE JAMAIS, SAUF QUE ÇA EN FAIT DES CRIMINELS. LES ADOS SONT MORDUS DE JAZZ, ET ÇA AGACE LES ADULTES, FÉRUS DE MUSIQUE CLASSIQUE.

1939
ORSON WELLES RÉUSSIT À BERNER LE PAYS TOUT ENTIER AVEC SON ÉMISSION DE RADIO "LA GUERRE DES MONDES", EN FAISANT CROIRE À TOUS LES AUDITEURS QUE LES ÉTATS-UNIS SONT ATTAQUÉS PAR DES MARTIENS. LA RÉPUTATION DE CES DERNIERS, AUPARAVANT CONSIDÉRÉS COMME IRRÉPROCHABLES, NE S'EN RELÈVERA JAMAIS.

1945
UN ESSAI NUCLÉAIRE DANS LE DÉSERT DU NOUVEAU-MEXIQUE SONNE LES PRÉMICES DE LA FIN DE LA SECONDE GUERRE MONDIALE, ET LE DÉBUT D'UNE LONGUE SÉRIE DE FILMS DE MONSTRES ATOMIQUES.

1947
LA PRATIQUE DE L'EXTORSION LÉGALE DE FRIANDISES SE RÉPAND PARMI LES PETITS AMÉRICAINS, PLUS CONNUE SOUS LE NOM DE "SOIRÉE D'HALLOW UN AN APRÈS SA CRÉATION, LES ENFANTS DÉCIDENT QU'ILS N'ONT MÊME PAS D'ÊTRE SAGES POUR ÊTRE RÉCOMPENSÉS. LA VEILLE, LE 30 OCTOBRE, DEVI UNE "NUIT D'ENFER" OÙ TOUT EST PERMIS. BIZARREMENT, LES ADULTES DONT LA EST COUVERTE D'ŒUFS CASSÉS, LA VOITURE SAVONNÉE ET LES ARBRES REDÉ DE P.Q. DISTRIBUENT TOUT DE MÊME DES BONBECS À TOUT LE MONDE LE LENDEMAIN, POUR HALLOWEEN.

UNE BLAGUE À PRENDRE AU MOT

PENDANT QUE TON PÈRE FAIT LES COURSES, ÉCLIPSE-TOI ET RETOURNE À LA VOITURE. METS UN MOT SUR LE PARE-BRISE, DISANT : "VRAIMENT DÉSOLÉ D'AVOIR ACCROCHÉ VOTRE VOITURE. N'HÉSITEZ PAS À M'APPELER POUR QUE JE VOUS DONNE LES COORDONNÉES DE MON ASSURANCE". SIGNE D'UN FAUX NOM ET AJOUTE UN NUMÉRO DE TÉLÉPHONE BIDON. REJOINS ENSUITE TON PÈRE. QUAND IL AURA LU LE MOT, ESSAIE DE NE PAS EXPLOSER DE RIRE EN LE VOYANT CHERCHER PARTOUT UNE TRACE D'ACCROCHAGE !

TOUT VIENT À POINT...

IL TE FAUT DES MINUTEURS POUR APPAREILS ÉLECTRIQUES ET DES MULTIPRISES. BRANCHE LES MINUTEURS D'ABORD, PUIS LES MULTIPRISES SUR DES PRISES DE COURANT SITUÉES À DES POINTS STRATÉGIQUES. BRANCHES-Y DES LAMPES, UNE CHAÎNE HI-FI, UN TÉLÉVISEUR, UN ASPIRATEUR, ETC. PENDANT LE BRANCHEMENT, ASSURE-TOI QUE TOUS LES APPAREILS SONT ALLUMÉS, TANDIS QUE LES MINUTEURS, EUX, SONT ÉTEINTS. PROGRAMME LES MINUTEURS POUR QU'ILS S'ALLUMENT AU BEAU MILIEU DE LA NUIT, À UNE HEURE PRÉCISE (3 H DU MATIN EST SANS DOUTE L'HEURE RÊVÉE). TOUTE LA MAISONNÉE AURA DROIT À UN SON ET LUMIÈRE GRATOS ! PROFITE DU SPECTACLE DE TES PARENTS EN PLEINE PANIQUE ET SUIS LEUR COURSE HÉBÉTÉE POUR ÉTEINDRE LES APPAREILS LES UNS APRÈS LES AUTRES. PLUS TARD DANS LA MATINÉE, LÈVE-TOI AVANT TES PARENTS ET FAIS DISPARAÎTRE MINUTEURS ET MULTIPRISES. NIE ENSUITE TOUTE L'AFFAIRE EN BLOC.

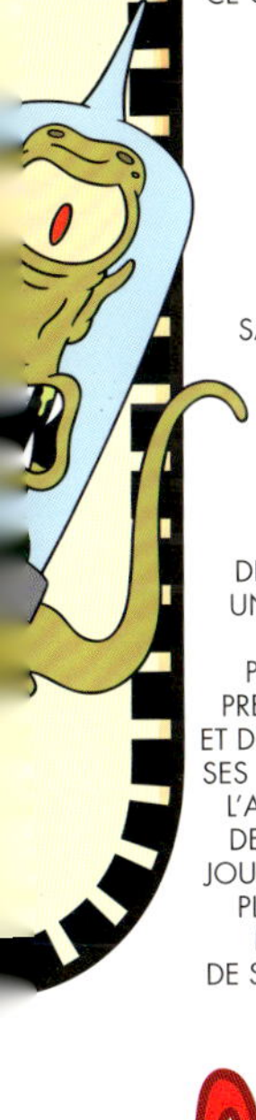

1954
LE COMITÉ DU SÉNAT AMÉRICAIN EN CHARGE DE LA DÉLINQUANCE JUVÉNILE OBLIGE LES ÉDITEURS DE BANDES DESSINÉES À CENSURER LEURS PUBLICATIONS, SOUS L'ÉGIDE DU CCA, LE COMICS CODE AUTHORITY. LES JEUNES DÉLINQUANTS CONTINUENT À CHAPARDER, À FUMER, À BOIRE ET À AVOIR DES RELATIONS SEXUELLES EN DEHORS DES LIENS DU MARIAGE, MAIS SANS L'AIDE DES COMICS. LE ROCK'N'ROLL COMMENCE À PLAIRE AUX ADOS, CE QUI AGACE LES ADULTES FANS DE JAZZ.

1953
MARLON BRANDO, HÉROS DE *L'ÉQUIPÉE SAUVAGE*, LANCE LA MODE DES ROUFLAQUETTES, DE LA CASQUETTE SAVAMMENT INCLINÉE, DES VESTES EN CUIR ET DU "JE-PARLE-DANS-MA-BARBE".

1949
INVENTION DE LA PHOTOCOPIEUSE. UN EMPLOYÉ DE BUREAU UN PEU POMPETTE PHOTOCOPIE POUR LA PREMIÈRE FOIS SES FESSES ET DISTRIBUE L'IMAGE À TOUS SES COLLÈGUES. C'EST AUSSI L'ANNÉE OÙ LES BOMBES DE PEINTURE VERRONT LE JOUR, CELLES-LÀ MÊMES QUI, PLUS TARD, LANCERONT L'ENNEMI PUBLIC N°1 DE SPRINGFIELD, "EL BARTO".

1955
HARVEY KURTZMAN CHANGE LE NOM DE LA BANDE DESSINÉE "MAD" EN "MAD MAGAZINE". LES PARENTS DÉJÀ FURIEUX CONTRE LES B.D. RETOURNENT ALORS LEUR HARGNE CONTRE LES MAGAZINES.

1958
INVENTION DU PREMIER SKATEBOARD. AUGMENTATION DES ADMISSIONS À L'HÔPITAL POUR FRACTURES, ÉRAFLURES, DENTS CASSÉES, ET ENGOUEMENT POUR LE CRI DE GUERRE "COWABUNGA".

1964
LES "MERRY PRANKSTERS", JOYEUX LURONS ACTIVISTES CONTESTATAIRES, TRAVERSENT LES ÉTATS-UNIS DANS UN BUS AUX COULEURS PSYCHÉDÉLIQUES. L'IDÉE FAIT FUREUR AU POINT QUE RUST-OLEUM, FABRICANT DU "JAUNE-SPÉCIAL-BUS-SCOLAIRES" CRAINT POUR LA SANTÉ DE SON BUSINESS.

1965
LES ROLLING STONES SORTENT *(I CAN'T GET NO) SATISFACTION*, UN TEMPS FORT DU CHAOS.

1966
JOHN LENNON OSE DIRE QUE LES BEATLES ONT PLUS DE SUCCÈS QUE JÉSUS. LES GROUPES RELIGIEUX ET COMMUNAUTAIRES DESCENDENT DANS LA RUE POUR BRÛLER LEURS DISQUES. DU COUP, LES ADOLESCENTS INDOLENTS SE VOIENT DANS L'OBLIGATION DE TRAVAILLER POUR RACHETER LEURS VINYLES DES BEATLES.

1969
À ANN ARBOR, LES STOOGES, UN GROUPE DU MICHIGAN MENÉ PAR IGGY POP, CRÉENT LA MUSIQUE PUNK, HUIT ANS TROP TÔT POUR FAIRE PARTIE DU MOUVEMENT PUNK-ROCK.

1967
UN MEMBRE DE LA TROUPE DE COMIQUES DU FIRESIGN THEATRE, PETER BERGMAN, ORGANISE LE PREMIER "SIT-IN" DE HIPPIES DANS ELYSIAN PARK, À LOS ANGELES. LES "PEACE & LOVE" PEUVENT DÈS LORS PROTESTER CONTRE TOUT CE QU'ILS DÉTESTENT.

1972
ARRESTATION DE CINQ HOMMES ENTRÉS PAR EFFRACTION DANS LE COMPLEXE DU WATERGATE, LES LOCAUX DU PARTI DÉMOCRATE À WASHINGTON. DORÉNAVANT, TOUT SCANDALE SERA NOMMÉ PAR UN MOT SUIVI DU SUFFIXE "-GATE".

1974
LA MODE DE LA COURSE NUE EN PUBLIC PREND SON ESSOR LORSQUE ROBERT OPEL TRAVERSE LA SCÈNE DANS LE PLUS SIMPLE APPAREIL PENDANT LA 46ᴱ CÉRÉMONIE DES OSCARS. LES OFFICIELS ENVISAGENT DE VÊTIR LA STATUETTE DORÉE.

1979
L'INVENTION DU WALKMAN PAR SONY DONNE AUX ADOS UNE NOUVELLE FAÇON D'IGNORER PARENTS ET PROFESSEURS.

1982
LES ADOS SONT FOUS DU HIP-HOP, CE QUI REND FOU LES ADULTES, FANS DE ROCK.

1997
LES SCIENTIFIQUES ANNONCENT LE CLONAGE RÉUSSI D'UN MOUTON À PARTIR D'UNE CELLULE ISSUE DE GLANDES MAMMAIRES, ET L'APPELLENT "DOLLY", EN HOMMAGE À DOLLY PARTON. MÊME LES SCIENTIFIQUES FONT DES BLAGUES UN PEU OLÉ-OLÉ !

1996
LES MARINS NE SONT PLUS LES SEULS À SE FAIRE TATOUER.

2003
LA PREMIÈRE FLASH MOB DE L'HISTOIRE A LIEU À MACY'S, UN GRAND MAGASIN DE NEW YORK, AU RAYON DES TAPIS. LES 130 PARTICIPANTS DEVAIENT PRÉTENDRE HABITER EN COLOCATION ET CHERCHER LE TAPIS RÊVÉ POUR FAIRE "VOUS-SAVEZ-QUOI" DEVANT LA CHEMINÉE.

2004
LANCEMENT DE FACEBOOK. SES UTILISATEURS PEUVENT PARTAGER AVEC LE MONDE ENTIER LEURS OPINIONS RELIGIEUSES, POLITIQUES, ET AUTRES SUJETS DE SOCIÉTÉ, MAIS AUSSI DES PHOTOS D'ADORABLES PETITS CHIENS ET CHATS...

2005
LANCEMENT DE YOUTUBE. SES UTILISATEURS PEUVENT MONTRER PUBLIQUEMENT LEURS FILMS AMATEURS.

2006
LANCEMENT DE TWITTER. SES UTILISATEURS PEUVENT DIRE PUBLIQUEMENT CE QU'ILS ONT MANGÉ AU DÉJEUNER, MAIS EN SEULEMENT 140 CARACTÈRES.

2012
C'EST LA FIN DU CALENDRIER MAYA. LE MONDE ENTIER SOUPIRE DE SOULAGEMENT, PUIS SE REMET EN QUÊTE DE LA PROCHAINE THÉORIE SUR LA FIN DU MONDE.

LES RÉPLIQUES QUI RENDENT FOU À TOUS LES COUPS

MAINTENANT QUE T'ES MARIÉE, J'IMAGINE QUE PLUS PERSONNE NE PEUT TE TRAITER DE TRAÎNÉE, HEIN ?
HÉ, CE SERAIT PAS LADY GAGA EN VISON ?
STOPPEZ LA CRUAUTÉ ENVERS LES ANIMAUX !
L'AMOUR, PAS LA MORT !!
SI TU AIMES TANT TA VOITURE, QU'EST-CE QUE ÇA PEUT TE FAIRE SI STÉPHANIE PENSE QU'ELLE N'EST PAS TOP ?
MON POTE SE DEMANDAIT JUSTEMENT POUR QUAND ÉTAIT L'ACCOUCHEMENT ?

CE N'EST PAS TOI LE PROBLÈME, C'EST TES EMPLOYÉS. CE N'EST PAS DE TA FAUTE S'ILS NE TE RESPECTENT PAS.
MON PÈRE ME RACONTAIT QU'À LA GRANDE ÉPOQUE, LES SYNDICATS AVAIENT DE VRAIS COMBATS À MENER.
LENNY TROUVE ÇA GÉNIAL QUE TU NE SOIS PAS TOTALEMENT OBSÉDÉ PAR TON LOOK.
POURQUOI JE VOUS DEMANDE SI VOTRE SANDWICH A PAS UN GOÛT BIZARRE ? OH, POUR RIEN.

QUELLE RELIGION DÉTIENT LA VÉRITÉ UNIVERSELLE ?
C'EST TOUT CE QUE T'AS COMME ARGENT DE POCHE ? C'EST MARRANT, JE PENSAIS QUE ÇA AURAIT AUGMENTÉ DEPUIS QUE J'AVAIS TON ÂGE, PAS DIMINUÉ.
MAMAN, POURQUOI JE RESSEMBLE VACHEMENT AU MEILLEUR AMI DE PAPA ?
JE ME FICHE DE CE QU'ON DIT SUR TOI. MOI, J'TROUVE QUE T'ES QUELQU'UN DE BIEN !

IDENTIFIONS VINGT-ET-UN TYPES DE RIGOLOS

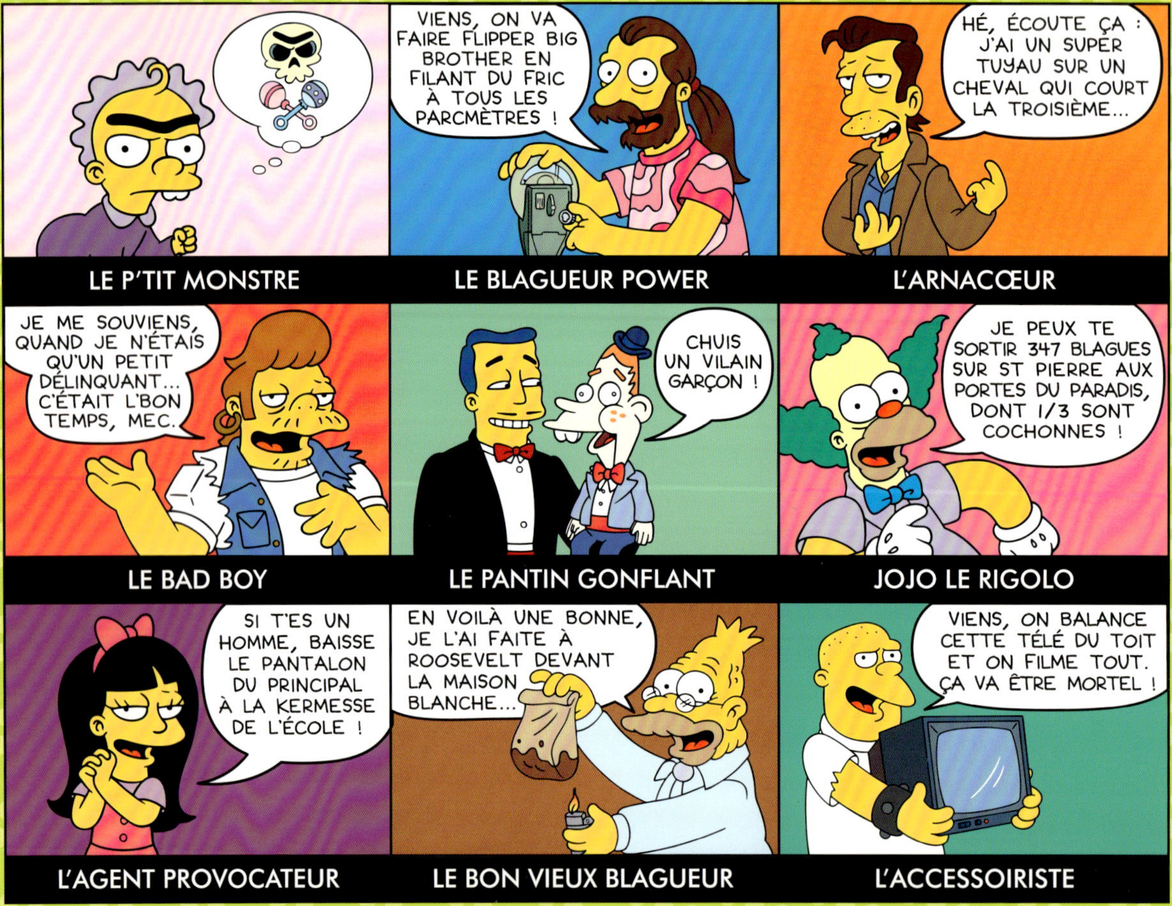

LE P'TIT MONSTRE | LE BLAGUEUR POWER | L'ARNACŒUR

LE BAD BOY | LE PANTIN GONFLANT | JOJO LE RIGOLO

L'AGENT PROVOCATEUR | LE BON VIEUX BLAGUEUR | L'ACCESSOIRISTE

LE BOUFFON DE L'ÉCOLE

LE SECOND COUTEAU

LA FARCEUSE MALGRÉ ELLE

LE VANDALE

DR FARCENSTEIN

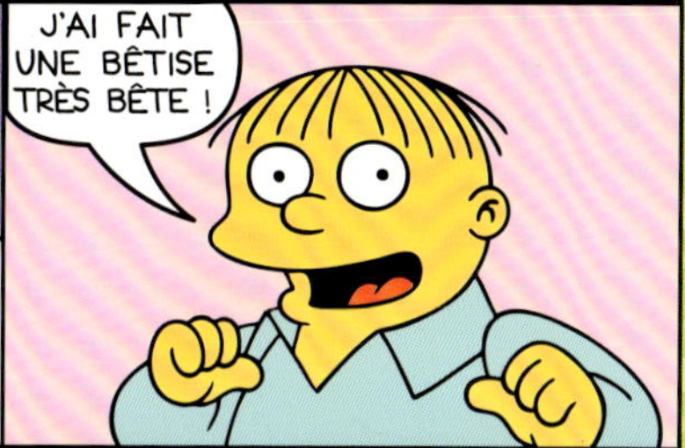

LE MEC PERCHÉ

JASPER LA VINASSE

LE BOUTE-EN-TRAIN

L'IMPORTUN CHAUD LAPIN

LE POLI POLISSON

M. CANULAR

LE PSEUDO MATT GROENING

L'ART URBAIN D'EL BARTO

LA PREUVE PAR L'IMAGE : PHOTOS ISSUES DES ARCHIVES DE LA POLICE DE SPRINGFIELD

&

PROPRIETAIRE
FUNKY MOE
MANAGER—
LEE VROGNE
NOUS COUPONS
TOUTES NOS BOISSONS
ET C'EST VOTRE OSEILLE
QUI PREND L'EAU !

PRENEZ
TOUJOURS
LA ROUTE
LA PLUS
BARRÉE !

RÉÉLISEZ
QUIMBY VOTRE MAIRE
PANIER PERCÉ DU GOUVERNEMENT
TU TE REMBOURSES SUR L'ARGENT
DES HONNÊTES GENS. TU CASH
BIEN TON JEU. TSSS...

VOUS ÊTES CORDIALEMENT INVITÉS À PAYER VOTRE FACTURE D'ÉLECTRICITÉ EN LIGNE AVANT LA DATE LIMITE
MONTGOMERY BURNS, PROPRIÉTAIRE DE LA CENTRALE NUCLÉAIRE DE SPRINGFIELD
AVANT-
RE D'ÉLECTRICITÉ EN LIGNE AVANT LA DATE LIMITE
LA BOURSE OU LA NUIT !
APRÈS !
HYPER ESPACE RÉSERVÉ AU PRINCIPAL SEYMOUR SKINNER
PAR CONTRE CETTE PLACE EST LIBRE COMME L'AIR !

MART
VOITURE DE CLOWN

CONVECTEUR
TEMPOREL

BIENVENUE
CENTRALE NUC
DE SPRINGFIELD
T'OH! ET REBELOTE!

COMMENT RENDRE DINGUE TA SŒUR

QUELQUES TRUCS BIEN VICELARDS POUR QUE TES FRÈRES ET SŒURS AIENT L'IMPRESSION DE PERDRE LA BOULE

LA MOUCHE DE DAVID COPPERFIELD

CACHE UN RAISIN SEC DANS LA PAUME DE TA MAIN. DÈS QUE TA SŒUR PASSE DANS LE COIN, ATTRAPE UNE TAPETTE À MOUCHES ET FAIS SEMBLANT DE VOIR UN INSECTE VOLER DANS LA PIÈCE. TOURNE LA TÊTE DANS TOUS LES SENS COMME POUR SUIVRE LA BESTIOLE DES YEUX, DONNE DES COUPS EN L'AIR EN CRIANT "RATÉ", OU UN TRUC DU GENRE. POUR FINIR, FAIS COMME SI TU ÉCRASAIS LA MOUCHE EN HURLANT "JE T'AI EUE !", PUIS FAIS LE GESTE DE RAMASSER LA MOUCHE MORTE, SAUF QUE TU TIENS LE RAISIN SEC. GARDE-LE ENTRE DEUX DOIGTS ASSEZ LONGTEMPS POUR QUE TA SŒUR VOIE LA CHOSE, MAIS PAS ASSEZ POUR QU'ELLE SE RENDE COMPTE DE CE QUE C'EST. PUIS GOBE-LA.

LES GOÛTS ET LES COULEURS

DANS LA CUISINE, SORS TOUS LES SACHETS DE CÉRÉALES DE LEURS BOÎTES. PUIS FOURRE CHACUN D'ENTRE EUX AU HASARD DANS N'IMPORTE QUEL AUTRE PAQUET (LES CÉRÉALES KRUSTY DANS LES MAÏS SOUFFLÉS SUCRÉS, LES LOCO POPS DANS LES MAGIC CHARMS...). CE SERA ENCORE PLUS MARRANT SI TA SŒUR A UNE MARQUE PRÉFÉRÉE ET UNE MARQUE DÉTESTÉE. SI C'EST LE CAS, INTERVERTIS LES DEUX.

HYGIÈNE CARIÉE

VIDE ENTIÈREMENT UN TUBE DE DENTIFRICE BIEN BLANC. PUIS PROCURE-TOI UN TUBE DE GLAÇAGE POUR GÂTEAUX À LA VANILLE AVEC UNE DOUILLE, ET REMPLIS LE TUBE VIDE AVEC LE GLAÇAGE. REMPLACE LE DENTIFRICE HABITUEL DE TA SŒUR PAR LE TUBE TRUQUÉ ET ATTEND DE VOIR COMMENT ELLE RÉAGIT À TA DÉLICIEUSE SURPRISE !

LE CHANGEMENT, C'EST MAINTENANT

PROGRAMME UNE TÉLÉCOMMANDE UNIVERSELLE POUR QU'ELLE FONCTIONNE AVEC LA TÉLÉ. QUAND TA SŒUR EST DEVANT SON ÉMISSION PRÉFÉRÉE, CACHE-TOI À L'EXTÉRIEUR DE LA MAISON, DERRIÈRE UNE FENÊTRE PROCHE DE LA TÉLÉ. AVEC TA TÉLÉCOMMANDE, CHANGE DE CHAÎNE, ALLUME ET ÉTEINS LE POSTE, MONTE ET BAISSE LE VOLUME, ETC.

SILENCE, ON ROULE !

JUSTE AVANT D'ALLER TE COUCHER, VA DANS LA CHAMBRE DE TA SŒUR AVEC LES OBJETS SUIVANTS : UN GOBELET, DES POIS CHICHES SECS, DE L'EAU, UN PLATEAU MÉTALLIQUE ET QUATRE CUBES DE BOIS DE LA MÊME TAILLE. REMPLIS LE GOBELET DE POIS CHICHES À RAS BORD, PUIS RECOUVRE D'EAU À RAS BORD. PLACE ENSUITE LE PLATEAU SUR LES QUATRE CUBES (UN À CHAQUE ANGLE), PUIS POSE LE GOBELET DESSUS, BIEN AU CENTRE ET GLISSE LE TOUT SOUS SON LIT. LES POIS CHICHES VONT SE GORGER D'EAU, GONFLER ET TOMBER BRUYAMMENT DU GOBELET UN À UN. TA SŒUR N'EN FERMERA PAS L'ŒIL DE LA NUIT.

LA GARDE-ROBE QU'IL TE FAUT !

1. PLAYMEC MAGAZINE
2. FAUX BULLETINS SCOLAIRES
3. RAT CREVÉ
4. GANTS EN CAOUTCHOUC
5. MENOTTES
6. POISSON ROUGE EN SACHET
7. YO-YO
8. CIGARES EN CHEWING-GUM
9. FAUSSE CROTTE DE CHIEN
10. T-SHIRT VULGOS
11. LANCE-PIERRES
12. LECTEUR MP3
13. BARRE CHOCOLATÉE
14. ÉCOUTEURS POUR LECTEUR MP3
15. PHOTOS COMPROMETTANTES
16. RECUEIL DE BLAGUES SALACES
17. CANETTE DE BUZZ COLA
18. LUNETTES À RAYONS X
19. TASER ÉLECTRO-FUN
20. CHAÎNE DE PÉTARDS
21. DENTS DE VAMPIRE
22. ARAIGNÉE AVEC FIL EN PLASTIQUE
23. TRUC VISQUEUX NON IDENTIFIÉ
24. LOUPE
25. BOMBE DE PEINTURE
26. COUPE-VERRE
27. PIPEAU À BRUITS DE PETS
28. SERPENT FACTICE
29. FAUX PAPIERS D'IDENTITÉ
30. STYLO BILLE STRIP-TEASE
31. PASSE-PARTOUT MORTEL
32. ALLUMETTES
33. PISTOLET À EAU
34. VENTOUSES

SOULÈVE LES RABATS
POUR VOIR
LES OBJETS CACHÉS !

GAGNER SA VIE

LES BOULOTS BIEN FILOUS

JE SUIS EN CM1, ET IL EST LARGEMENT TEMPS DE RÉFLÉCHIR À CE QUE JE VOUDRAI FAIRE QUAND JE SERAI GRAND. MES POTES VEULENT TOUS DEVENIR DES ROCK STARS OU DES SPORTIFS PROFESSIONNELS. ÇA A L'AIR PAS MAL, MAIS J'AI BESOIN D'EXPLORER D'AUTRES HORIZONS. PEU IMPORTE CE QUE JE FERAI PLUS TARD, SI J'AI DU BOL, JE SERAI PAYÉ POUR ÊTRE RUSÉ COMME UN RENARD !

EN ARNAQUANT
POUR QUAND TU SERAS GRAND

LE POLITICIEN

LE JOURNALISTE POLITIQUE

LE VENDEUR PORTE-À-PORTE

LE DÉMARCHEUR TÉLÉPHONIQUE

VOUS N'AVEZ PAS DE MONNAIE ? AUCUN PROBLÈME, JE PRENDS LES CARTES BLEUES. VISA, GOLD, MASTERCARD ?
LE FAUX SDF
POUR LA SÉCURITÉ ROUTIÈRE, SUR CETTE ROUTE, ON DEVRAIT LIMITER LA VITESSE À 70 KM/H. ON L'A MISE À 100 POUR QUE LES CHAUFFARDS, QUI SONT TOUS À 5 OU 10 KM/H AU-DESSUS DE LA LIMITE, NE ME VOIENT PLANQUÉ DERRIÈRE MON ARBRE QU'À LA DERNIÈRE MINUTE !
LE FLIC À MOTO
POLICE
OHÉ, MATELOTS ! UNE PLAGE NUDISTE... EN AVANT TOUTE !
LE PRO DU PÉRISCOPE
CHER SÉNATEUR, JE N'AIME PAS BEAUCOUP LE TERME DE "POT-DE-VIN", ÇA ME RAPPELLE LES COCOS À L'ANCIENNE. JE PRÉFÈRE DIRE "CORRUPTION".
LE LOBBYISTE

JE T'EXPLIQUE : SI TU ME VENDS QUELQUE CHOSE, C'EST QUE TOUT LE MONDE L'A, ET QUE ÇA N'A QUASIMENT AUCUNE VALEUR.
SI JE TE VENDS LE MÊME TRUC, PAR CONTRE, IL SERA AUSSI RARE QU'UN MOUTON À 5 PATTES ET IL VAUDRA UNE FORTUNE !
LE DEALER DES COLLECTIONNEURS
NON, NON, CE N'EST PAS UN COUP À LA **TAPIE**... C'EST UN MARCHAND DE **TAPIS** ! LES TAPIS, C'EST DU SOLIDE, NON ? **AAAAALORS** !
LE CONSEILLER EN PLACEMENTS FINANCIERS
FÉLICITATIONS ! VOUS ÊTES DÉSORMAIS L'HEUREUX PROPRIÉTAIRE D'UN LOGEMENT, ICI, À HAWAÏ ! N'OUBLIEZ PAS DE LIBÉRER L'APPARTEMENT À 11H30 PÉTANTES !
HAWAII
L'ARNAQUEUSE À LA MULTI-PROPRIÉTÉ
SOUVENONS-NOUS DE CE QUE LA BIBLE DIT : "MARCHONS PAR LA FOI, NON PAR LA VUE".
MAIS SOUVENEZ-VOUS AUSSI QUE JE MARCHE EN GUCCI, ALORS PAR ICI LA MONNAIE !
LE GUÉRISSEUR PAR LA FOI
LA VIANDE, C'EST UNE **HORREUR** ! MAIS JE SUIS PASSÉ MAÎTRE DANS L'ART **D'IMITER** SA FORME ET SON GOÛT AVEC DU TOFU, DU CHANVRE ET DE LA LEVURE... **MIAM**...
LE CUISTOT VÉGÉTARIEN

BART SIMPSON

ET SES TATOUAGES ^ EPHEMERES

BIENTÔT PLUS

COW GIRL

HELLFISH
JUSQU'A LA
MISE EN BIERE

COMME CHIEN
ET CHAT
JOKER
JOKER

CE SONT VRAIMENT DES GENS BIEN CHEZ LI'L BASTARD™. ILS ONT LU DANS MES PENSÉES ET ONT PENSÉ À TOUT CE DONT UN GAMIN POURRAIT AVOIR BESOIN POUR MENER SES MISSIONS EN TOUTE DISCRÉTION, SANS SE FAIRE PIQUER. TOUT Y EST ! VOYEZ PLUTÔT...

LE KIT FURTIF LI'L BASTARD™

1. FAUSSES GROSSES FESSES
2. FAUX GROS BIDON
3. LES NEZ LES PLUS PRISÉS : A) LE NIXON, B) LE MILHOUSE, C) LA COUPEROSE, D) LE MICHAEL JACKSON (ANNÉES 70), E) LE MICHAEL JACKSON (ANNÉES 90), F) LE VOLDEMORT, G) L'ADRIEN BRODY, H) LE CYRANO DE BERGERAC, I) LE GROUCHO MARX, J) LE DEPARDIEU, K) LE RINGO STARR, L) LE HARRY CROTTEUR, M) LE LINCOLN
4. BRACELETS/COLLIERS À PIQUES GOTHIQUES
5. TROISIÈME ŒIL AUTOCOLLANT
6. BANDANA/DOO-RAG
7. CACHE-ŒIL DE PIRATE
8. MAQUILLAGE PLUS OU MOINS TOXIQUE
9. FAUX PLÂTRE
10. MINERVE
11. MONOCLE D'ARISTO
12. POILS DE TORSE AUTOCOLLANTS
13. LUNETTES FUMÉES STYLE NON-VOYANT
14. POT À CRAYONS BIEN TAILLÉS
15. CICATRICES EN LATEX GANGSTERS ET CIE®
16. CARTE DE POLICE SUPER RÉALISTE
17. BOUCLES D'OREILLES (UNE VRAIE TORTURE)
18. PIERCING DE NEZ (ATROCEMENT DUR À METTRE)
19. FAUX ACNÉ À COLLER (FACILE À METTRE ! AÏE À RETIRER !)
20. CHICOTS DE PÉQUENAUD REPOUSSANTS
21. LE STOCK DE STACHES : A) LA POLISTACHE, B) LA ZAPPA, C) LA MANDARIN, D) LA KLINGON, E) LA SERGIO LEONE, F) LA SUPER MARIO, G) LA CRAYONNÉE, H) L'EINSTEIN, I) LA STAR DU X, J) L'HISPANO, K) LA HULK HOGAN, L) L'ANONYMOUS, M) LA LUIGI RISOTTO, N) LA MOTÖRHEAD
22. FAUSSES OREILLES MOULÉES SUR CELLES DU PRINCE CHARLES
23. LES PERRUQUES : A) LA SKINHEAD, B) LA JUSTIN BIEBER, C) LA FAN DE FOOT (AFRO ET ARC-EN-CIEL), D) LA ELVIS, E) LA GOLDEN BOY RÉAC, F) LA MAGISTRAT, G) LA COUPE MULLET, H) LA BEATLES, I) LA THOR, DIEU DU TONNERRE
24. LES CHAPEAUX : A) LA CASQUETTE DE BASEBALL, B) L'INDÉMODABLE CASQUETTE À HÉLICE, C) LE HAUT-DE-FORME, D) LE PORK PIE, E) LE MAXI CHAPEAU DE COW-BOY

DÉGUIZ -O- RAMA

Cartes à plier

1. DÉTACHE LES CARTES EN SUIVANT LES POINTILLÉS.
2. PLIE CHAQUE CARTE DÉGUIZ-O-RAMA LE LONG DES POINTILLÉS VERTICAUX COMME INDIQUÉ.
3. DÉCOUPE CHAQUE CARTE DÉGUIZ-O-RAMA EN SUIVANT LES POINTILLÉS HORIZONTAUX COMME INDIQUÉ.
4. REPLIE LES RABATS POUR CRÉER DE NOUVELLES IMAGES !

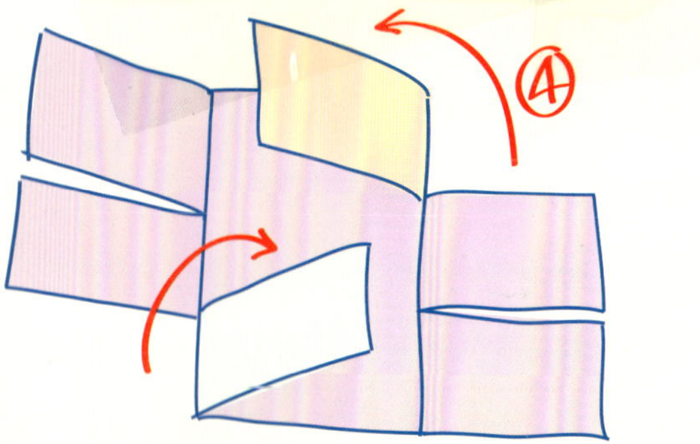

UN TOUR AU MINIMARCHÉ

KWIK-E-MART
KRUSTY BURGER
3 IL PASSE CHERCHER MILHOUSE.
4 IL TRITURE UN RAT MORT AVEC UN BATON.
5 IL REORGANISE LES LETTRES DU PANNEAU D'AFFICHAGE DE L'EGLISE ET TRANSFORME LE MESSAGE "A SPRINGFIELD, ON EST FOUS DE LA MESSE" EN "A SPRINGFIELD, ON EST MOUS DE LA FESSE".
6 IL MONTRE SES FESSES AUX CLIENTS ATTABLES DEVANT LA BAIE VITREE DE LA TRUFFE DOREE.
7 IL INTERROMPT LE DEJEUNER DU REVEREND LOVEJOY POUR LUI POSER TOUT UN TAS DE QUESTIONS THEOLOGIQUES EMBARRASSANTES.
8 IL PASSE DES COMMANDES COMPLETEMENT IRREALISABLES AU DRIVE DU KRUSTY BURGER. PUIS S'ENFUIT EN SE MARRANT.
9 IL ATTEINT LE NIVEAU 4 DE "DEATH ZONE III" AU PAYS DU BRUIT, LA SALLE D'ARCADE.
10 IL REGARDE UN EPISODE D'ITCHY & SCRATCHY SUR NEUF POSTES DE TELE A TRAVERS LES VITRES DU MAGASIN TV/HI-FI.
11 IL ENVOIE MILHOUSE RECUPERER DES GOBELETS A SQUISHEE DE COLLECTION DANS UNE BENNE A ORDURES.
12 IL ARRIVE AU MINIMARCHE. IL ACHETE UN KILO DE SUCRE. IL UTILISE L'ARGENT DE POCHE DE ROD ET TODD POUR ACHETER DEUX SQUISHEES, DES PETITS BEURRES, DES BARRES CHOCOLATEES, DES CHAMALLOWS ET UNE DOUZAINE D'ŒUFS.
13 IL PARLE AVEC UN PETIT VIEUX DE LA VAGUE DE CHALEUR "BIEN AU-DESSUS DES NORMALES SAISONNIERES".
14 IL SE FAIT GRILLER QUELQUES CHAMALLOWS DEVANT LA DECHARGE DE PNEUS DE SPRINGFIELD.
15 IL CROISE UN OURS SAUVAGE EN BALADE. IL L'ATTIRE VERS LA PISCINE MUNICIPALE AVEC DES CHAMALLOWS. LES OURS, CA FOUT LA FROUSSE AUX NAGEURS !
20 IL CASSE SON DERNIER ŒUF SUR LE TROTTOIR POUR VOIR SI "ON CUIT VRAIMENT AUJOURD'HUI", COMME DISAIT LE PETIT VIEUX.
21 IL VERIFIE QUE LE RAT EST BEL ET BIEN CREVE.
22 IL ORIENTE L'ARROSAGE AUTOMATIQUE VERS DES NANAS EN TRAIN DE BRONZER.

COMMENT RENDRE DINGUES TES PROFS

QUELQUES TRUCS BIEN VICELARDS POUR QUE TES PROFS AIENT L'IMPRESSION DE PERDRE LA BOULE

UN SA-CRAIE TOUR

POUR CETTE FARCE, TU AURAS BESOIN D'UNE SALLE DE CLASSE AVEC UN TABLEAU NOIR ET UNE BROSSE À QUATRE RANGÉES DE FEUTRE. FOURRE DES MORCEAUX DE CRAIE ENTRE LES COUCHES DE FEUTRE, EN LES ENFONÇANT SUFFISAMMENT POUR QUE L'UTILISATEUR NE S'APERÇOIVE DE RIEN. REGARDE TON PROF DEVENIR VERT DE RAGE AU FUR ET À MESURE QU'IL ESSAIE D'EFFACER LE TABLEAU EN FAISANT DES TRACES DE CRAIE SUR SON PASSAGE !

SOLO DE TROMBONE

IL FAUT D'ABORD QUE TU PUISSES ACCÉDER À LA PHOTOCOPIEUSE QU'UTILISE TA PROF. PLACE UN TROMBONE SUR LA VITRE, FERME LE CAPOT, ET FAIS PLUSIEURS PHOTOCOPIES DU TROMBONE TOUT SEUL. PUIS METS-LES DANS LE BAC DE FEUILLES VIERGES. FAIS EN SORTE QUE LE TROMBONE SOIT VISIBLE SUR TOUTES LES COPIES QUE TA PROF LANCERA. QUAND ELLE VERRA SES PHOTOCOPIES, ELLE PENSERA QU'UN TROMBONE EST RESTÉ COINCÉ QUELQUE PART DANS LA MACHINE, ET ELLE LE CHERCHERA PARTOUT COMME UNE FOLLE !

LE BRUIT AU FOND DU TIROIR

DÉGOTE UNE PETITE BALLE EN CAOUTCHOUC QUI COUINE QUAND ON APPUIE DESSUS (DISPONIBLE DANS TOUTES LES ANIMALERIES DU MONDE) ET ATTENDS QUE TON PROF QUITTE LA SALLE DE CLASSE UN MOMENT. DÈS QUE LA VOIE EST LIBRE, RETIRE UN DES TIROIRS DE SON BUREAU ET SCOTCHE SOLIDEMENT LA BALLE À L'INTÉRIEUR DU BUREAU, LÀ OÙ LE FOND DU TIROIR LE TOUCHE. LAISSE LE TIROIR ENTROUVERT. QUAND TON PROF ESSAIERA DE LE REFERMER, IL COUINERA ET SE ROUVRIRA TOUT SEUL (ESPÉRONS QU'IL LE REFERME ENCORE ET ENCORE !).

BUREAUX BOURREAUX

AVANT QUE TON PROF N'ENTRE DANS LA SALLE DE CLASSE, OU LORSQU'IL EN EST SORTI (VOIR FARCE PRÉCÉDENTE), ENLÈVE TOUS LES TIROIRS DE SON BUREAU ET ÉCHANGE-LES AVEC CEUX D'UN AUTRE PROF (OU AVEC CEUX DU PRINCIPAL, SI T'ES CAP' !) POUR QUE LA BLAGUE FONCTIONNE, IL FAUT BIEN SÛR QUE LES DEUX BUREAUX SOIENT IDENTIQUES.

ÉTIQUETTES "BIO" POUR MAQUILLER

TES CANETTES DE SODA BOURRÉES DE SUCRE !

quinoa

pschitt

IL Y A DES ANNÉES, UN ADULTE A EU L'IDÉE GÉNIALE DE COLLER DE FAUSSES ÉTIQUETTES DE SODA SUR SES CANETTES DE BIÈRE POUR POUVOIR LES SIROTER TRANQUILLEMENT EN PUBLIC.

TOUT COMME LES ALCOOLOS D'AUTREFOIS, LES ACCROS AU SUCRE D'AUJOURD'HUI ONT BESOIN D'UN TRUC POUR ÉCHAPPER AUX PRESSIONS QU'ILS SUBISSENT JOUR APRÈS JOUR QUAND ILS BOIVENT DES TRUCS "MAUVAIS POUR LA SANTÉ". C'EST POURQUOI NOUS AVONS CRÉÉ CES ÉTIQUETTES FACTICES ! IL NE TE RESTE PLUS QU'À EN FAIRE DES COPIES COULEUR, LES COUPER LE LONG DES POINTILLÉS, PUIS LES COLLER SUR LES CANETTES DE TES BOISSONS PRÉFÉRÉES.

AU PREMIER COUP D'ŒIL, LA BRIGADE ANTI-SUCRE T'ACCUSERA DE TE RUINER LA SANTÉ AVEC CE BREUVAGE SIRUPEUX. MAIS MONTRE-LEUR DE PLUS PRÈS LE LOGO DE TON NECTAR ET LEUR AIR RÉPROBATEUR SE TRANSFORMERA EN LOUANGES DÈS QU'ILS VERRONT QUE TU BOIS QUELQUE CHOSE DE TOUT À FAIT SAIN (CE QUI EST BIEN SÛR ARCHI-FAUX !)

Dr Pooper
Coca-Colonic
Kelp-Aid
quinoa
Mr.Kale
Dr Pruno
Soda riche en fibres

Almond Dew
Mr.Kale
Dr Pooper
quinoa
Algues-Plus
quinoa mist
Almond Dew
Mr.Kale

Dr Pooper
Coca-Colonic
Kelp-Aid
quinoa
M. Kiwi
Mr.Kale
Dr Pooper
Coca-Colonic

Almond Dew
Mr.Kale
Dr Pooper
Amande Douce
quinoa mist

BIENVENUE, LES SCIENTIFIQUES EN HERBE ! LES SAVANTS SÉRIEUX COMME MOI AIMENT AUSSI S'AMUSER AUX DÉPENS DES AUTRES DE TEMPS EN TEMPS ! VOILÀ POURQUOI LES INDUSTRIES FRINK ⁝WOW, C'EST MOI !⁝ ONT CONSACRÉ UN CATALOGUE ENTIER À LEURS TOUS DERNIERS GADGETS FARCE-TASTIQUES ! TOUT EST PLUS MARRANT CHIMIQUEMENT PARLANT !
⁝HÉÉ-HO !⁝ BIEN JOUÉ, JOHN !⁝

LES INDUSTRIES FRINK
NOUVEAU
FAITES DÈS AUJOURD'HUI LES BÊTISES DE DEMAIN !
PROF. JOHN FRINK : PRÉSIDENT
LE CATALOGUE
DES FARCES ET BÊTISES

SALUT, LES FANS DE PHOTO !

DEPUIS QUE J'AI COMMANDÉ MON PREMIER APPAREIL PHOTO ESPION SUR LE CATALOGUE DE VENTE PAR CORRESPONDANCE DE KRUSTY, J'AI PU CAPTURER DE BELLES TRANCHES DE VIE CHEZ PAS MAL DE CITOYENS DE SPRINGFIELD. J'AI GARDÉ CES CLICHÉS POUR RIGOLER SOUS CAPE… ET, POURQUOI PAS, POUR JOUER PARFOIS AU MAÎTRE CHANTEUR. SUIS-MOI DONC, MOI,

Bart Simpson

DANS MA RÉTROSPECTIVE DE CLICHÉS VOLÉS !

Ma sœur Lisa en plein coma végéthylique après une orgie de junk-food ! Homer serait si fier d'elle (sauf pour le côté végétarien).

J'ai des photos de Krusty bourré, furax, dans les vapes, en train de peloter des meufs, de faire des doigts d'honneur, etc., mais c'est pour CETTE photo qu'il m'a payé (et apparemment, pas assez !)

Je me suis glissé dans l'église bien avant l'heure du culte (j'aurais jamais cru dire ça un jour) et j'ai chopé le Révérend Lovejoy en pleine prépa de sermon !

J'ai appelé cette photo "Calcul des impôts sur le trône" !

Un des avantages en nature du MiniMarché : son proprio s'enfile parfois de grosses goulées de Squishee pur directement au robinet ! Mon cher Apu vit le rêve américain à fond !

Willie le jardinier essaie son dernier kilt acheté sur Mc Air, un catalogue de kilts par correspondance. J'ai du bol qu'il y ait des trous dans sa cabane !

La police a conservé comme preuves les photos prises juste après celle-ci, dans le cadre du procès de plusieurs pensionnaires de la maison de retraite. Ce fut un vrai carnage, entre les coups de canne, de déambulateurs, les jetons de bingo et les perruques. Mais les jours du principal Skinner ne sont aujourd'hui plus en danger.

Le vendeur de BD, surpris dans l'arrière-boutique du Donjon de l'Androïde avec une poupée grandeur nature de Wonder Woman plus du tout dans son état d'origine.

Ce que Maman et Lisa ignoraient, c'est que Homer avait dévissé le siphon et s'était calé sous l'évier, avalant cul-sec toute cette Duff bien brune ! Il a ensuite eu droit à la blonde light, et là, il était fini !

Moi, je dirais plutôt la "SALE" des profs !

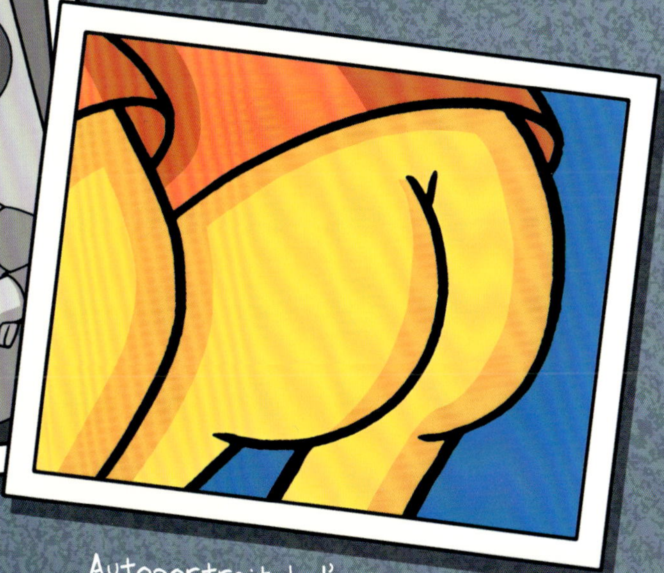

Autoportrait de l'artiste en pleine exhibition de postérieur frétillant.

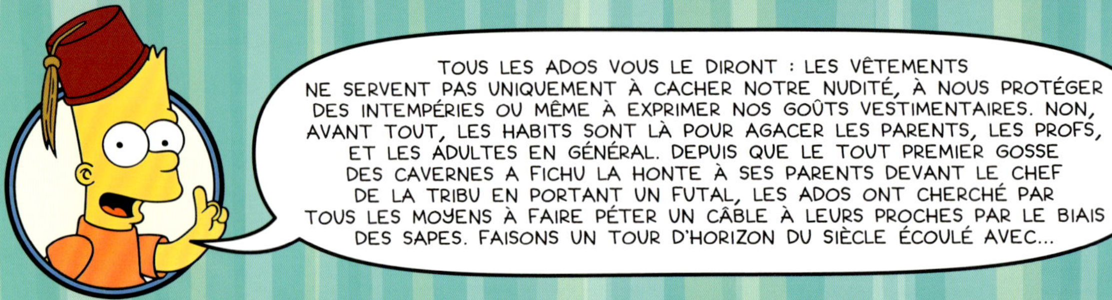

UNE HISTOIRE INSOLENTE DE LA MODE

LES ANNÉES 60
La Jeune fille en fleur !
Le Mojo-Jo
LES ANNÉES 70
Le vrai mac !
Le David Bowie (en 74) !
LES ANNÉES 80
L'ersatz de keupon !
La starlette !
LES ANNÉES 90
Le Grunge garage-de-mon-père !
Le "J'me suis fait tout seul, yo" !
LE XXIE SIÈCLE
La Harajuku Girl !
Le Clone de Twilight !
M. Flipando !
MR. T-SHIRT
Capitaine Ironie !

IL ARRIVE PARFOIS QUE LES PROFS SE RETROUVENT AVEC DES BLANCS DANS LEUR PLAN DE COURS, SANS INSPIRATION AUCUNE. HUIT FOIS SUR DIX, CE TROU SERA MEUBLÉ PAR UNE VAGUE D'EXPOSÉS "SHOW & TELL", UN DÉFILÉ DE CAMARADES D'UN ENNUI MORTEL PARLANT DE LEURS OBJETS FÉTICHES.

LE TRUC GÉNIAL DANS CE RITUEL SCOLAIRE TYPIQUEMENT AMÉRICAIN, C'EST QUE LA SEULE CONSIGNE EST CONTENUE DANS SON NOM. IL FAUT JUSTE "EXPOSER" QUELQUE CHOSE. EN GROS, LE MONTRER ET EN PARLER. MAIS PERSONNE N'A JAMAIS DIT QU'IL FALLAIT DIRE LA VÉRITÉ SUR LA CHOSE EN QUESTION, ALORS JE TE PROPOSE DE TRANSFORMER LES EXPOSÉS DE LA MORT EN MALLES AUX TRÉSORS AVEC MES...

IDÉES DE SUJETS D'EXPOSÉS EXAGERÉS, ROMANCÉS OU INVENTÉS DE TOUTES PIÈCES

ANTIQUITÉS – Fouille les placards, les cagibis fourre-tout, de la cave au grenier, et ramasse tous les objets qui ne sont plus fabriqués aujourd'hui : cassettes vidéos, clés de chambres d'hôtels, machines à écrire, règles à calcul, papier carbone, pin's "Alf". etc. Je suis sûr que tu pourras dénicher un tas d'autres trucs. Couvre-les de poussière et prétends qu'ils proviennent d'une fouille archéologique ayant révélé les ruines d'une civilisation détruite par Dieu en personne dans les années 90.

LA TOUFFE DE POILS DE YÉTI – File chez le coiffeur, demande à récupérer des cheveux par terre, de préférence châtains foncé, bien rêches et bouclés. Mets les cheveux dans une boîte au fond de laquelle tu auras créé un double-fond avec un bout de tissu ou un mouchoir en papier. Sous le tissu, planque un morceau de fromage qui pue. Lorsque tu ouvriras la boîte et la feras passer dans la classe, tes camarades seront impressionnés par l'odeur et croiront que ce sont bel et bien des poils de yéti.

LA BOUTEILLE DE BAPTÊME DU TITANIC – Prends une bouteille de champagne vide et casse-la pour n'en garder que le goulot (avec l'aide d'un adulte !). Attaches-y solidement une vieille corde. Puis demande à un adulte de t'aider à limer les rebords cassés de la bouteille pour ne pas te couper et pour leur donner une touche antique. Dis à tes camarades que c'est tout ce qui reste de la bouteille qui a été utilisée pour baptiser le Titanic en 1912. Sans l'étiquette, qui pourra dire si elle est vieille d'un mois ou d'un siècle ?

UN MORCEAU DE KRYPTONITE – Les géodes sont un sujet d'exposé classique, ennuyant des classes entières depuis des générations. Mais avec un peu de peinture phosphorescente, ces cristaux étranges ressembleront à de la Kryptonite, une roche radioactive. Venue de Krypton, la planète natale de Superman, la Kryptonite est son talon d'Achille. Si tu n'as pas de géode sous la main, n'importe quelle roche fera l'affaire. Éteins la lumière et écoute les "ooh" et "aah" de tes camarades en voyant la "Kryptonite" briller dans le noir ! Si la classe est trop futée pour croire en l'existence de Superman, dis qu'il s'agit d'un accessoire radioactif utilisé dans un des derniers films de la franchise.

DES OS DE BÉBÉ DINOSAURE – S'il y a des lézards dans ton jardin, cherches-en un mort. Laisse-le se décomposer complètement dans une boîte. Une fois la chair disparue, les os ressembleront vraiment beaucoup à la carcasse d'un bébé dinosaure.

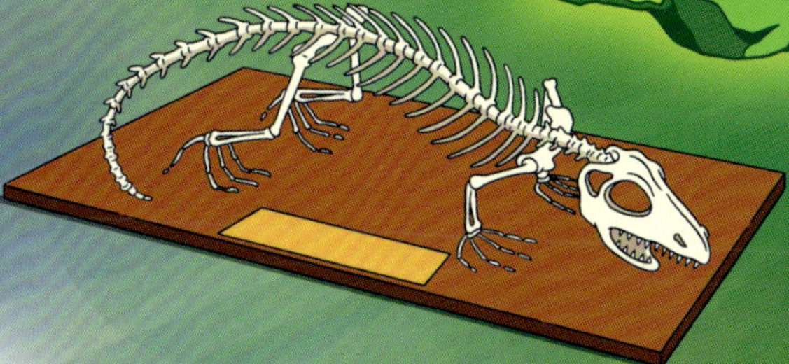

LA PIÈCE MANQUANTE D'UN ROBOT – Fouine dans l'atelier de ton père ou dans la décharge du coin pour trouver une pièce mécanique en métal avec une forme sympa. Il faut que son design soit vraiment original (pas un carburateur ou un étrier de frein, trop facilement identifiables par un petit futé fan de bagnoles). Place ta trouvaille dans une boîte classieuse : la boîte à bijoux de ta mère ou de ta sœur, par exemple. Si elle possède une serrure, c'est top. Souviens-toi que quand tu montes une arnaque, la présentation compte beaucoup ! Pendant ton exposé, ouvre le coffret avec mille précautions et raconte comment ton grand-père a sauvé la ville d'un robot titanesque (inventé par un savant diabolique) qui détruisait tout sur son passage. Perché sur le dos du robot, ton grand-père aurait ouvert le panneau de contrôle de l'androïde et lui aurait arraché cette pièce centrale. Rajoutes-en une couche en précisant que tu as été désigné comme le gardien de ce morceau de métal pour que ce robot ravageur ne menace plus jamais votre ville !

LE MARTEAU DE THOR – Si ton père possède une petite masse que tu peux soulever, entoure son manche d'une ceinture de cuir. Dis aux autres élèves que tu as trouvé ce marteau dans une grotte dans le désert et que dessus, il y avait écrit : "Quiconque tient ce marteau, s'il en est digne, recevra le pouvoir de Thor, Dieu nordique du Tonnerre !" Malheureusement, le texte a disparu quand la foudre a frappé le marteau la première fois que tu t'en es servi.

CERVEAU EN BOCAL – Trouve un supermarché ou un boucher qui vende de la cervelle de bœuf. Fourre la cervelle dans un grand bocal en verre rempli d'eau, et ajoutes-y pour plus d'effet un peu de colorant alimentaire rouge. Tiens le bocal à deux mains devant la classe et pars d'un rire sardonique en disant que tu as bien l'intention de créer le monstre de Frankenstein et que tu n'en es qu'à la toute première étape.

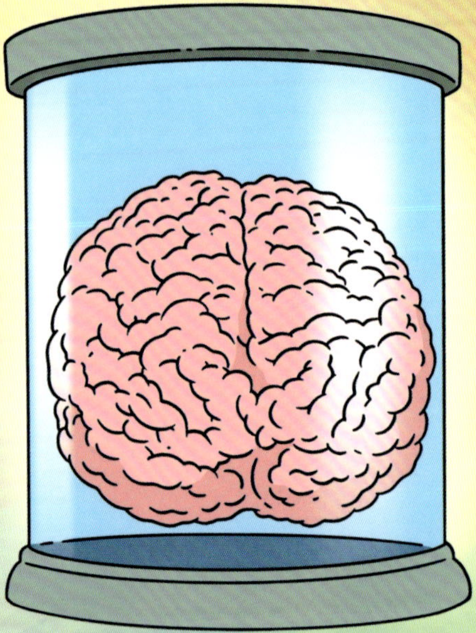

UN POU BIEN MOCHE – Dans un magasin de farces et attrapes, achète plusieurs faux insectes de différentes espèces. Dissèque les bestioles avec un cutter (avec l'aide d'un adulte, bien sûr !). Puis avec de la Super Glue® (toujours assisté d'un adulte !), assemble les morceaux ensemble pour créer un insecte au look effrayant. Pendant ton exposé, porte des gants de coton blanc pour tenir l'insecte et crie haut et fort devant tes camarades que c'est le seul pou de cette taille jamais capturé. S'ils veulent le voir de plus près, dis-leur qu'ils risquent d'attraper un tas de poux au moindre contact !

YODA, DU TACO TAC – Dessine Maître Yoda de *Star Wars* sur un bout de carton, puis emprunte un pistolet pour décorer la pâtisserie. Achète un taco et peins dessus l'image de Yoda au pochoir avec du colorant alimentaire marron. Dis à toute la classe que tu t'es converti à la religion Jedi et montre-leur le taco comme preuve miraculeuse que la Force est avec toi.

UN NID D'AIGLE – Dans un magasin de loisirs créatifs, dégote une couronne de branchages. Trouves-en une qui ressemble à un gros nid avec un trou au milieu. Bouche le trou avec quelques brindilles. Achète aussi un gros œuf en plastique (facile à trouver à Pâques) et peins-le en blanc cassé. Il ne te reste plus qu'à raconter comment tu as réussi à piquer le nid et l'œuf à une maman aigle en colère !

DES ORTIES – Trouve une plante ayant des feuilles dentelées comme les orties, mais qui n'en est pas. La mélisse, l'alliaire ou la menthe sont de bons sosies, mais attention à leur odeur qui pourrait te trahir ! Coupes-en quelques pousses et apporte-les en classe. Fais passer des échantillons pendant que tu bavasses à propos de ta nouvelle passion pour la botanique, et raconte que tu as trouvé ce très beau spécimen pendant ta dernière expédition sur le terrain, etc. Lance des termes savants sur la senteur de la plante, sur sa localisation première, sur sa rareté, pendant que les feuilles circulent de main en main dans toute la classe. Puis annonce qu'il s'agit d'un beau spécimen d'ortie. C'est faux, bien entendu, mais regarde le nombre de gens qui vont commencer à se gratter.

PHOTO DE FESSES – Plie le coude et prends une photo de la "raie" formée par la jonction de ton bras et de ton avant-bras. Fais en sorte de prendre la photo en gros plan et qu'il n'y ait rien derrière toi. Fais bien la mise au point sur le pli. Demande éventuellement de l'aide à un acolyte. Montre la photo à toute la classe et prétends qu'il s'agit de tes fesses. Avant que le prof ne puisse te traîner jusqu'au bureau du principal, démontre-lui que c'est juste une photo de ton bras.

BON, TU ES PUNI ET ON T'A DIT DE RESTER DANS TA CHAMBRE. TU AS TOUT NATURELLEMENT ENVIE DE T'ÉCHAPPER DE LÀ, MAIS COMMENT ? TES GEÔLIERS SONT PARTOUT DANS LA MAISON ! CE SYSTÈME TRÈS SIMPLE T'AIDERA À FAIRE DIVERSION, ET TU POURRAS SANS PROBLÈME RETROUVER TA LIBERTÉ CHÉRIE !
1
2
3
4
5
6
7
8
9
10
11
12
13
14

COMMENT SORTIR DE LA MAISON SANS SE FAIRE REPÉRER

1. L'ÉVADÉ LANCE UNE PIERRE SUR L'OISEAU BUVEUR, QUI SE PENCHE.
2. LE FIL ATTACHÉ À LA QUEUE DE L'OISEAU OUVRE LA CAGE, LIBÉRANT UNE SOURIS.
3. LA SOURIS PIQUE LE FROMAGE DU PIÈGE À SOURIS, QUI LA MANQUE DE PEU.
4. LE PIÈGE À SOURIS, EN SE DÉCLENCHANT, TEND UN FIL.
5. LE FIL TENDU FAIT BOUGER LA GROSSE AIGUILLE DE L'HORLOGE COMTOISE DE GRAND-PÈRE, LA METTANT À UNE HEURE PILE. L'HORLOGE SONNE UN COUP.
6. LE CHAT ENDORMI SURSAUTE EN ENTENDANT L'HORLOGE SONNER ET FILE À TOUTE ALLURE DANS LE SALON, EN RENVERSANT AU PASSAGE LES CUBES DU BÉBÉ.
7. LE BÉBÉ SE MET À PLEURER, RÉVEILLANT LE PATERNEL.
8. LE PÈRE BÂILLE ET S'ÉTIRE. LA CORDE ATTACHÉE À SON POIGNET ACTIONNE LES POULIES, SOULÈVE LE COUVRE-PLAT ANTI-ODEURS ET RÉVÈLE LA BELLE CUISSE DE DINDE CACHÉE DESSOUS.
9. L'ODEUR DE LA CUISSE DE DINDE ALLÈCHE LE CHIEN, QUI DU COUP REMUE LA QUEUE. L'ÉVENTAIL ATTACHÉ AU BOUT DE SA QUEUE RAVIVE LES FLAMMES DU FEU DE CHEMINÉE, QUI FONT BOUILLONNER L'EAU DE LA BOUILLOIRE.
10. LA VAPEUR DE LA BOUILLOIRE PASSE DANS LE TUYAU D'ASPIRATION D'UN GÉNÉRATEUR ÉLECTRIQUE À VAPEUR.
11. LE GÉNÉRATEUR ÉLECTRIQUE LANCE SUR UNE PLATINE VINYLE LE 1ER PRESSAGE D'UNE CHANSON DE CHARLIE PARKER, "THE BIRD BLOWS THE BLUES".
12. AU SON DU DISQUE, LA FRANGINE NE PEUT PAS S'EMPÊCHER DE SE LANCER DANS UNE IMPRO.
13. LE SOUFFLE DE L'AIR DANS LE SAXOPHONE ÉJECTE LA BILLE QUI S'Y TROUVAIT.
14. LA BILLE TAPE DANS UNE PETITE VOITURE QUI FONCE SUR SON CIRCUIT EN PLASTIQUE, AVEC UN RASOIR ATTACHÉ AU PARE-CHOCS AVANT.
15. LE RASOIR FIXÉ À LA PETITE VOITURE TRANCHE UNE CORDE RATTACHÉE À UN FILET FIXÉ AU PLAFOND.
16. UNE PLUIE DE BALLONS MULTICOLORES TOMBE AUTOUR DE LA MÈRE DE FAMILLE, QUI EST BIEN ENTENDU RAVIE.
17. L'ÉVADÉ PEUT PRENDRE LA PORTE, AU NEZ ET À LA BARBE DE TOUS.

KRUSTY O's
RADIOACTIVE MAN